Buda – O encontro do equilíbrio

Coleção Filosofia & Gestão: pessoal e profissional

- *Kant – A força do pensamento autônomo*
  Bernd Niquet
- *Buda – O encontro do equilíbrio*
  Werner Schwanfelder
- *Sócrates – O poder do não-saber*
  Andréas Drosdek
- *Confúcio – A milenar arte chinesa da gestão*
  Werner Schwanfelder

Dados Internacionais de Catalogação na Publicação (CIP)
(Câmara Brasileira do Livro, SP, Brasil)

Schwanfelder, Werner
Buda : o encontro do equilíbrio / Werner Schwanfelder ; tradução de Volney J. Berkenbrock. – Petrópolis, RJ : Vozes, 2008. – (Coleção Filosofia & Gestão: pessoal e profissional)

Título original : Buddha und der Manager : eine Begegnung mit fernöstlicher Weisheit

ISBN 978-85-326-3676-8

1. Administração – Aspectos morais e éticos 2. Administração – Filosofia 3. Buda – Ensinamentos 4. Conhecimento – Teoria 5. Executivos 6. Filosofia budista I. Título. II. Série.

08-02821 CDD-658.001

Índices para catálogo sistemático:

1. Administração : Filosofia 658.001

Werner Schwanfelder

Buda

O encontro do equilíbrio

Tradução de Volney J. Berkenbrock

Nobilis

VOZES

Esta tradução em português foi publicada por intermédio da Agência Literária Eulama.

Título original alemão: *Buddha und der Manager – Eine Begegnung mit fernöstlicher Weisheit*

Direitos de publicação em língua portuguesa:
2008, Editora Vozes Ltda.
Rua Frei Luís, 100
25689-900 Petrópolis, RJ
Internet: http://www.vozes.com.br
Brasil

Editoração: Sheila Ferreira Neiva
Projeto gráfico: AG.SR Desenv. Gráfico
Design de capa: WM Design

ISBN 978-85-326-3676-8 (edição brasileira)
ISBN 978-3-593-37930-2 (edição alemã)

Este livro foi composto e impresso pela Editora Vozes Ltda.

Sumário

Apresentação da coleção

A filosofia como provocação inspiradora

*Mario Sergio Cortella**

Os sonhos dos filósofos têm, em todos os tempos, animado homens de ação que puseram mãos à obra para realizá-los.
Anatole France

Filosofia e vida executiva? De novo? Mais uma vez querem sugerir que a filosofia e os filósofos podem apoiar aqueles e aquelas que se dedicam ao trabalho de execução de projetos, direção de organizações, gestão de pessoas? E que, além de tudo, a filosofia pode colaborar na cons-

* Filósofo, com mestrado e doutorado em Educação pela PUC-SP, na qual é professor-titular do Departamento de Teologia e Ciências da Religião e da Pós-Graduação em Educação (Currículo); docente convidado da Fundação Dom Cabral e do GVpec da FGV/SP; autor, pela Editora Vozes, dos livros *Não espere pelo epitáfio! – Provocações filosóficas*; *Não nascemos prontos... – Provocações filosóficas*; *Qual é a tua obra? – Inquietações propositivas sobre gestão, liderança e ética.*

trução do equilíbrio da dimensão profissional como componente da vida pessoal?

Buda e o executivo? Sócrates e o executivo? Kant e o executivo?...

É isso mesmo. Só que não de um jeito pragmático e apressado, fazendo com que a gente percorra ligeiramente o pensamento de um autor e, a partir daí, basta inseri-lo em nosso dia-a-dia.

Filosofia é coisa séria, e a Editora Vozes, seguindo sua tradição mais do que secular, a mais antiga casa publicadora ainda em funcionamento no Brasil, sabe isso muito bem. Afinal, algumas das melhores obras nesse campo foram por ela publicadas e continua à procura da excelência dos livros e da relevância pessoal e social daquilo que se dispõe a nos ofertar.

A Vozes pensa que a filosofia, tratada de forma honesta e atraente, pode nos encantar e, desse modo, fazer com que as nossas reflexões sejam robustecidas, o nosso repertório engrandecido e a nossa sensibilidade mais afiada. Outras editoras importantes também assim pensam, haja vista que esta coleção tem seu ponto de partida em estudos que se originam na Alemanha.

É clássico o chiste criado pelo estupendo Groucho Marx quando, ao ser convidado a integrar o quadro de membros de um determinado clube, disse: – Jamais me tornaria sócio de um clube que me aceitasse como tal.

Essa deliciosa idéia marxiana pode rondar a mente de alguém como eu, estudioso da filosofia e autor de livros nesta mesma editora, ao imaginar que, um dia, pensadores do calibre citado, ou de um Confúcio, ou Lao Tzé ou Sun Tzu, poderiam correr o risco da banalização e da digestão irrefletida. Não é o caso de maneira alguma. Fazer com que o pensamento de autores complexos se tornem acessíveis não obriga a simplificá-los; o que faz é desnovelar certas idéias que edificaram e que podem ser melhor "traduzidas" para novas ambiências quando se procura ser mais didático e menos abstrato.

São livros que concorrem para dar às nossas práticas profissionais uma maior sustentabilidade reflexiva e, ao mesmo tempo, auxiliar no afastamento da tristeza de uma vida pessoal alienada e laboralmente obsessiva.

Os autores dos livros desta coleção entenderam com largueza a frase escrita por Victor Hugo em *Os miseráveis*: "Chega sempre a hora em que não basta protestar; após a filosofia, a ação é indispensável".

Há, hoje, uma certa "miserabilidade" nas nossas vidas que, claro, não tem a ver apenas com condições financeiras. Essa pobreza advém da redução do tempo para reflexão e do exercício de um ativismo constante e persistente. Estamos sempre "em ação", prontos para o que der e vier. Será verdade? Sabemos que não. Carecemos de mais fundamentos que inspirem nossa vida e nos distanciem do amargo sabor da monotonia repetitiva ou da robotização das vivências.

Por isso, cabe bem, para romper com o eventual conforto dessa miserabilização cotidiana, o ditado árabe que afirma: "Homens são como tapetes: às vezes precisam ser sacudidos".

A filosofia "sacode" de vez em quando, ou seja, faz com que não imobilizemos as nossas idéias no interior de modelos mentais enclausurantes; a filosofia e seus atores nos provocam a ter uma vida mais consciente, mais plena, mais sapiente.

Desse modo, ao provocar, inspira, nos faz procurar fôlego e nos obriga, nem sempre de modo suave, a ter de reinventar a nossa história pessoal, no interior da qual uma das faces é o profissional.

Ah, diriam alguns, isso é coisa para eruditos. Contudo, como nos advertiu Sébastien de Chamfort, "*pouca filosofia nos leva a desprezar a erudição; muita filosofia leva-nos a estimá-la*".

Isso mesmo. Muita gente não sabe, mas o radical da palavra *erudição* em latim é *rúdis* (rude, tosco, áspero, não-polido); assim, quando "erudimos", estamos polindo, tirando asperezas, tornando mais suave e brilhante.

Afinal, gente não foi feita para brilhar?

Sobre este livro

A história que eu conto neste livro está baseada em circunstâncias reais. O tal executivo que viajou à China cheio de problemas é real. Também é real o mosteiro, bem como o monge que o ajudou a interpretar as sabedorias. E as sabedorias chinesas existem – há alguns milhares de anos. Eu apenas tomei a liberdade de combinar estes três elementos.

Dedico este livro àquele executivo que buscou na China ajuda para o seu espírito.

Conheci o monge através de um amigo chinês que muitas vezes freqüenta aquele mosteiro para se recolher e meditar. Ele é diretor-geral da filial de uma empresa alemã na China. Ele contou-me que busca calma, grandiosidade e convicções a partir dos ensinamentos de Buda. Também a ele dedico este livro.

Finalmente também quero dedicar este livro aos funcionários de minha empresa que foram para a China. É claro que eles foram a este país para fazer negócios. Mas a maioria deles logo notou que isto só funciona quando se consegue entender os chineses e ir ao encontro deles. Este entendimento dos chineses é igualmente chave para a cultura e para os negócios. Os chineses neste particular não fazem muita distinção entre uma coisa e outra.

Na cultura chinesa o respeito é algo especialmente importante. E é disto que este livro trata: do respeito que cada qual deveria ter por si mesmo. Somente quando eu mesmo me respeito, posso também respeitar os outros. E finalmente tenho que ter respeito também por aquilo que faço, assumir, ter responsabilidade. Esta mensagem, por sua vez, não é válida apenas para a China, mas para o mundo todo. E é este ensinamento que eu queria passar. É meu desejo que você tenha coragem de viver esta forma de respeito.

Àquele que não consegue imaginar que administração funciona a partir do respeito, a este aconselho pôr-se a caminho e visitar aquele mosteiro sobre o qual escrevo. Vá sentar-se lá e meditar. Não faz muita diferença se você fala com um monge ou não, pois a tarefa mais importante você mesmo tem que realizar: ter clareza sobre si mesmo, ter respeito por si mesmo e pelos outros e assumir sinceramente a responsabilidade por suas próprias ações.

Caro leitor, é isto que lhe desejo. Que estes pensamentos o acompanhem durante a leitura deste livro.

Werner Schwanfelder

Prelúdio

Peter Ziegel sentia-se profundamente frustrado. Tinha recebido notícias negativas a sobejo nas últimas horas. Mas isto era só a ponta do *iceberg*: já há um certo tempo estava notando que não tinha tido mais sucesso. Mas agora os acontecimentos estavam se suplantando, ficando cada vez mais caóticos e a descida para o abismo cada vez mais acelerada. E ele estava bem no meio disto tudo. Ele sentia as forças pouco a pouco lhe faltarem, de tal forma que ele não mais conseguia oferecer resistência àquilo que lhe vinha de encontro e o ameaçava atropelar.

Passava noites em claro, suado, virando-se de um lado para o outro. Pesadelos o atormentavam. Ele percebia como suas forças estavam cada vez mais paralisadas. O sentimento de ser um fracassado era cada vez mais forte.

*

Ele estava em Pequim, em meio a uma negociação contratual importante e havia ficado claro que a negociação iria terminar sem sucesso. No dia seguinte ou depois ele iria voltar para casa sem nada nas mãos: contrato nenhum, nem sequer uma declaração de intenções. Talvez não tivesse sentido nenhum cada vez voltar à China. O Projeto China devia ser dado como fracassado. E ele havia se engajado tanto, mostrado tanto empenho; trabalhado nisso muitas noites até tarde, inclusive nos finais de semana. Mas ele havia fracassado. Ele não conseguira entusiasmar sua equipe de funcionários, nem motivá-los. É, a sua equipe de funcionários, provavelmente o problema estava ali. Ele já havia comunicado, inclusive, a alguns que deveriam começar a procurar um novo emprego. O empenho deles não tinha sido o suficiente para este tempo tão difícil. Ele havia perdido a confiança em seus funcionários. Suspeitava, inclusive, de que eles haviam feito pelas suas costas uma política do contra, unindo-se contra ele. Sentia necessidade de "limpar a área", contratar gente jovem, começar de novo. Isto – pensava ele – seria sua única chance.

Mas agora estava na rua, diante do hotel em Pequim. Excepcionalmente ele tinha até algum tempo. Estava sozinho e ninguém se importava com ele. Isto inclusive o agradava.

O *Bell Captain* do hotel perguntou se ele desejava alguma coisa. Não haveria, porém, ninguém no hotel que pudesse satisfazer o seu desejo.

– Sim, até queria alguma coisa – respondeu.

– O que estava querendo? – Foi a pergunta que ouviu.

– É, alguma coisa.

O *Bell Captain* o olhou meio admirado, chamou no entanto um táxi e disse alguma coisa ao taxista.

E Peter Ziegel estava agora sentado neste táxi, indo para sei lá aonde. Do lado de fora, a vida continuava normalmente. Ele estava sentindo sua situação como meio irreal. Ele não conhecia Pequim. Havia estado ali algumas vezes, mas somente vira o hotel, a empresa e salas de reunião. Nada além disso. A China lhe era estranha. Também não lhe agradava em nada negociar com os chineses. A tática de negociação deles o enervava: o tempo que se davam e cada vez mais o pediam. Ele não tinha tanto tempo, ele queria soluções rápidas e notava como os chineses cada vez mais se recolhiam. A seu parceiro chinês ele já fizera diversas acusações, exigindo dele que acelerasse as negociações. Este, no entanto, nem lhe dava ouvidos.

O táxi parou. Do lado de fora havia muitas pessoas, muitos ciclistas e poucos carros. O taxista apresentou-lhe a conta; ele pagou e desceu do veículo. Estava ele agora na rua, em meio a toda aquela gente. Diante dele havia um muro e atrás deste, um parque. Reconheceu ali alguns telhados de pagode chinês. Provavelmente um templo. Ele possuía pouca experiência com templos budistas e também não tinha tempo para pensar sobre religião; nem sobre sua própria, nem sobre a de outros povos.

Assim, não sabia que se encontrava diante do mosteiro Lama, que o Imperador Kangxi havia mandado construir em 1694. Este mosteiro servia de lugar de recolhimento silencioso para o imperador que estivesse no trono. Ali eles podiam descansar de seus compromissos diários e recuperar as forças.

Peter Ziegel caminhou ao longo do muro até chegar a uma cancela. Ali ele comprou o *ticket*, atravessou a cancela e com isto estava dentro do parque. Muitos chineses passeavam ali. Eles andavam em grupos pelo parque, famílias provavelmente, conversavam e riam muito.

Por um momento Peter Ziegel os invejava.

Distraído, ele entrou pela monumental porta de honra. Sentiu um leve frio subir-lhe. O clima de Pequim de fato não ajudava muito a melhorar seu humor. Havia névoa pela rua e no parque a névoa também lhe penetrava o nariz. Ele entrou no pátio interno que era ladeado por uma torre de sinos e outra de tambores. Antigamente isto era usado para anunciar as horas. Às sete horas da manhã soava o sino da torre pela primeira vez. Este sino anunciava o início do dia e os portais do templo eram abertos. Durante o dia, os sinos eram tocados a cada duas horas, até as cinco da tarde. Os tambores da outra torre sinalizavam as horas durante a noite. Às sete horas, os tambores tocavam treze vezes. A este sinal, os portais eram fechados. Durante a noite, os tambores eram tocados uma vez a cada duas horas, sendo a última vez às cinco horas da manhã.

Ele andou através do átrio dos reis celestes e viu as imponentes estátuas de guardas, feitas para inspirar medo. Mas diante destas figuras ele não sentia medo algum. Ele reconhecia, no entanto, que seus guardas pessoais haviam falhado, e isto sim lhe colocava medo.

Caminhou ele pela paisagem pouco se importando com as fabulosas construções e o espírito que se escondia atrás destes muros também lhe estavam escondidos. Sentou-se em um banco, absorvido em seus pensamentos.

*

Seu último lugar de atuação tinha sido o Brasil. A sua dispensa não fora lá muito harmônica, pois havia deixado a companhia brasileira com altos prejuízos. Ele na verdade nem se sentia culpado; o problema era da equipe de trabalho; muito embora tenha sido ele de certa maneira naturalmente o responsável. Bons contatos porém o ajudaram voltar para a matriz da empresa. Neste novo emprego, ele era responsável pela expansão mundo afora. Estradas de ferro em todo o mundo: ele mandava em oficinas, departamentos de desenvolvimento de projetos, engenheiros, distribuidores, compradores. Era um homem com bastante poder. Os negócios estavam porém tão caóticos que nem ele mesmo conseguia achar alguma ordem. Tinha-se que reconhecer que a posição de suas tarefas era bastante complexa. Neste negócio não se podia entrar com medidas simples e esperar que tudo funcionasse naturalmente em ordem. Não, estes sistemas complexos dificultavam seu trabalho e o faziam fracassar. Ele tinha a sensação inclusive que vez por outra suas orientações aumentavam inclusive o caos. Mas isto ele não queria reconhecer.

Ele sabia, faltava-lhe a visão do todo. Tinha pouca experiência e pouco conhecimento específico. Ele tinha que confiar em outros e isto o incomodava, pois no fundo não confiava em seus funcionários. Aqueles que eram agora responsáveis, a seus olhos não passavam de fracassados. Ele era o único capaz de direcionar as coisas.

*

Provavelmente ele adormecera, pois quando deu por si já estava escuro e tudo calmo à sua volta. Os visitantes já haviam deixado o templo. Ao longe ele ouvia o som continuado de uma música de tons iguais do templo. Ao levantar-se, doeram-lhe os músculos. É, também fisicamente ele não estava em sua melhor forma. Acabara de passar dos cinqüenta e era preciso reconhecer que não agüentava mais tanto quanto na época em que era mais jovem.

Ele continuou seu caminho pelo mosteiro e deu num outro espaço do templo, próximo à sala onde os monges rezavam e cantavam. Permaneceu à porta, indeciso se deveria ou não entrar. Ele sentia-se tão cansado, que parecia que o peso do mundo todo estava em suas costas. Assim entrou na sala e colocou-se no último canto; sentou-se no chão e ficou vendo e ouvindo.

Os monges tinham entoado uma canção arrulhante, que acentuavam ainda mais com o movimento do corpo. Seus corpos envoltos em túnicas alaranjadas inclinavam-se para a estátua de Buda, abaixando conforme o ritmo da canção.

Peter Ziegel sentiu que isto o acalmava. E, para sua surpresa, percebeu como que uma nova energia vital lhe percorrendo o corpo, aquecendo-o todo, até crer que conseguia sentir o sangue correndo pelas suas veias.

Ele começou a percorrer então um outro mundo, distanciado em um maravilhoso nirvana.

Sobre a primeira regra

Tenha respeito por si mesmo

Ele foi despertado pelo toque de uma mão. Acordou meio a contragosto e queria reclinar-se. Recuperou porém sua plena consciência. Peter Ziegel estava novamente ali, acordado.

Um jovem monge inclinou-se diante dele. Falava um inglês ruim e difícil de entender, e perguntou se estava tudo bem com ele.

– Sim, está.

Peter Ziegel tentou levantar-se, mas não conseguiu.

– Está cansado?

– Sim, estou cansado.

– Está esgotado?

Sim, de alguma maneira estava. Peter Ziegel ficou irritado, mas não conseguiu se mover.

O monge afastou-se. Pouco depois veio um outro monge e sentou-se ao seu lado.

Não disse nada e nem o observou. Apenas se sentou.

Depois Peter Ziegel decidiu de fato se levantar. Ele não poderia ficar eternamente ali. Tinha que voltar ao hotel. No dia seguinte ele teria ainda uma negociação. Verdade que ele não tinha qualquer esperança que esta fosse dar certo, mas queria levar até o fim aquilo que havia começado e então voltar para casa.

O monge disse que o levaria a seu mestre. Peter Ziegel ficou surpreso e queria grosseiramente declinar do convite, mas acabou num impulso repentino por obedecer ao jovem monge. Eles atravessaram a sala, passaram por outro pátio interno e entraram por uma pequena porta lateral em outro pátio interno com muitas cubas de plantas. Um homenzinho pequeno, com vestes alaranjadas de monge estava ali, sentado em um banco. Parecia ter já uma boa idade e muita sabedoria, pois emanava uma forte aura.

Na verdade, Peter Ziegel nem queria saber de tais coisas. Era contra isto e nem aceitava este tipo de idéia. Em vão: sentiu-se preso pela aura do velho homem.

Sentou-se então no chão em frente ao monge e olhou para ele, esperando alguma coisa, sem saber bem o quê.

Longe, bem fraquinho, ouviu ele uma sirene. Bem, ele estava portanto ainda na cidade. Porém do barulho e daquela confusão do trânsito não se percebia nada nesta parte do mosteiro.

Uma luz branda, de lanternas, penetrava o pátio. A névoa tinha recuado.

O velho falou algo, mas Peter Ziegel não entendeu.

Somente quando soou uma voz atrás dele, percebeu que um segundo monge estava presente. Um tradutor.

– Você não achou o que procurou.

Peter Ziegel tinha sido sempre um homem muito rápido nos conhecimentos, ponderações e conselhos. Sempre se achou um realizador. Por conta disso tinha ele inclusive conseguido este emprego. Neste momento não lhe veio porém nenhuma resposta, nada a retrucar. Ele teria que refletir. Ele havia ido ali por acaso. Por que, porém? Porque o funcionário do hotel colocou-o num táxi. Ele poderia ter se negado. Porém, não se negou. Foi isto que aconteceu. E agora estava ele ali. Procurava alguma coisa?

Sim, ele procurava conhecimento. Somente neste momento lhe veio à consciência que ele procurava.

– Tens razão.

O velho não se mexeu em nada. Seu olhar parecia voltado ao infinito.

– Se você for capaz de ouvir, poderá chegar ao conhecimento.

A resposta de Peter Ziegel veio imediatamente, sem pestanejar, rápido demais.

– Eu quero.

O monge disse:

– Chegar à clareza das coisas está sempre ligado a um certo esforço.

Peter Ziegel ouviu estas palavras como se fossem macias. Sim, ele entendia muito bem esta afirmação. E também estava preparado a investir nisto. Mas em casa, em seu escritório, ele não tinha tempo para isto. O tempo todo era consumido por telefone, e-mail, reunião. Ele passava o tempo todo correndo de um lugar para o outro, tremendo e bufando, porque sempre apareciam novas dificuldades. Justamente esta clareza, que ele tanto desejava, faltava-lhe cada vez mais.

灯不拨不亮，理不辩不明。

Uma lamparina brilha com mais claridade, quando sempre de novo se lhe encurta o pavio. A verdade se torna mais clara, quando se fala a respeito.

"Uma lamparina brilha com mais claridade, quando sempre de novo se lhe encurta o pavio. A verdade se torna mais clara, quando se fala a respeito. Tire portanto o tempo necessário para encurtar o pavio".

Peter Ziegel ficou espantado com esta afirmação tão direta. Por uma fração de segundo subiu-lhe uma sensação de irritação. Ele não era muito de gostar de perguntas críticas ou conselhos que pusessem sua competência em questão. E agora este velho aqui...

Pensou isto por apenas um momento. "Não tenho tempo para encurtar o pavio. Minha secretária deveria fazer isto. Mas ela não faz isto bem o suficiente. Por isso vou inclusive despedi-la."

No fundo ele nem queria ter dito isto. Brotou-lhe simplesmente da boca.

O velho disse alguma coisa e o monge atrás dele traduziu.

– Você não está preparado para assumir sua responsabilidade. Como a gente se sente quando um punhal entra no corpo? É uma dor profunda, que atravessa tudo.

Peter Ziegel sabia que ele demonstrava trabalhar muito, mas que nunca ia a fundo nas questões. Ficava sempre na superficialidade e entender mesmo das coisas, não entendia. Ele construía muito sobre o seu intelectual, estava sempre em condições de reconhecer e avaliar situações. Mas mesmo assim tomava muitas decisões sem saber exatamente de que se tratava. Por isso tomava certas decisões, no fundo, de maneira insegura. Os funcionários percebiam provavelmente esta insegurança e por isso executavam as decisões também com insegurança.

O velho falou novamente.

– Espírito e corpo devem se completar. Eu lhe aconselho ler dez mil livros e ao mesmo tempo andar dez mil quilômetros. Somente assim irás reconhecer o que acontece entre espírito e ação.

读万卷书，行万 路。

Leia dez mil livros e ande dez mil quilômetros.

Peter Ziegel tentou escutar o tom das palavras. Ele entendeu. Nos últimos meses, desde que havia assumido a nova função, tinha entendido muitas coisas. Mas mesmo assim tinha ficado na superficialidade, pois não estava em condições de reconhecer problemas práticos. Mas para andar os tantos mil quilômetros, não, para isso ele se sentia esgotado. Como será que o velho imaginava isto? Isto era impossível.

E o velho levantou a voz novamente, embora Peter Ziegel preferisse que ele fosse mudo.

– Quando dois tigres lutam, é certo que um dos dois irá perder.

两虎相斗，必有一伤。

Quando dois tigres lutam, é certo que um dos dois irá perder.

E o tradutor ainda acrescentou:

– Certos acontecimentos são previsíveis.

– O que você quer dizer com isto? Sim, sei que certas coisas irão acontecer e mesmo que eu não as queira, não consigo impedir que aconteçam. Mas estas coisas custam dinheiro, causam dores. Eu tenho que lutar contra elas.

Os monges conversaram entre si. Parece que o mais jovem traduziu a discordância posta por Peter Ziegel. Mas o mais velho apenas balançou a cabeça.

– Eu devo deixar de me engajar quando vejo que não consigo movimentar mais nada? Devo aceitar simplesmente com passividade?

O velho concordou com a cabeça. Peter Ziegel levantou-se e começou a andar de um lado para o outro no pátio. Ele havia sempre posto na cabeça que deveria tentar resolver cada problema. Já tinha perdido muitas vezes e teve que engolir uma derrota após a outra. Ficou-lhe claro que ele era o tigre perdedor.

Trouxeram chá. O monge jovem serviu o chá, que evaporava na xícara. Peter Ziegel sentou-se, pegou a xícara com as duas mãos para aquecê-las. Tomou o chá bem devagar e pensativo. O som do canto dos monges ao fundo tornou-se um pouco mais alto, mas ele o sentiu apenas como um leve sopro.

Sentia-se sempre só. Entrava com tudo em suas tarefas e tentava evitar a derrocada com seus próprios ombros. Pois sabia que não podia contar mesmo com nenhum de seus funcionários. Na verdade eles não tinham a mínima idéia dos problemas. E nem se esforçavam para ter. Eles eram culpados por tudo que deu de errado, que fez tudo vir abaixo. Esta tarefa lhe havia sido confiada há pouco tempo e os funcionários não haviam demonstrado o mínimo ânimo de recomeço. Ele havia conseguido localizar os problemas, trazê-los para o foco da ação. Se bem que – é verdade – ele não mostrou qualquer perspectiva de solução. Ele não possuía a capacidade de avaliar corretamente seus funcionários e a partir daí colocar cada um no lugar certo. Neste ponto ele havia, de fato, fracassado. Ou seus funcionários? Em si eles deveriam ter mostrado tanto engajamento pela coisa como ele mesmo...

O velho pigarreou levemente, falou e o tradutor repetiu as palavras levemente cantarolando:

马好不在鞍，人好不在衫。

Não julgues um cavalo por seus arreios, nem um homem por suas vestimentas.

– Não julgues um cavalo por seus arreios, nem um homem por suas vestimentas.

O velho havia lido seus pensamentos? Ele não estava afirmando outra coisa senão o fato de Peter talvez estar avaliando seus funcionários de maneira errada. Não, com certeza não. Ele conhecia o ser humano. Ele sabia que quando a química não funcionava, simplesmente não dava para ficar na mesma equipe. Isto é algo muito simples. Ele tinha que poder contar com seus funcionários. E isto só dava certo quando a química batia e...

Estava ele ainda no meio de seus pensamentos, quando o velho continuou:

强中更有强中手，能人背后有能人。

Por mais forte que você seja, sempre haverá alguém que é mais forte.

– Por mais forte que você seja, sempre haverá alguém que é mais forte.

De fato. Com seu chefe ele tinha problemas enormes. Ele sabia, e mais que saber, ele sentia que seu chefe não confiava nele e nem estava convencido de que ele, Peter Ziegel, iria levar o trabalho a bom termo. E finalmente nem ele mesmo estava convencido disto.

Como se estivesse lendo seus pensamentos, o velho acrescentou:

– Não se esqueça, nunca se esqueça: cada um é responsável por sua terra.

天下兴亡，匹夫有责。

Cada um é responsável por sua terra.

Quantas vezes ele já queria ter fugido desta responsabilidade. Mas não havia conseguido. E lá estava ele. Lá estava ele sentado. Ele tinha ido até ali. E ele era responsável. Tanto por fazer, como por não fazer alguma coisa. Ele era responsável, independentemente daquilo que ele fosse fazer. Ele era responsável.

★

O velho levantou-se e foi embora. O jovem monge recuou para um canto e Peter Ziegel notou que estava sozinho, envolto pelo começo da noite.

O que lhe tinha acontecido? Uma conversa, uma aula? Conhecimento tinha se acumulado nele. Ele pôde sentir em sua mão uma pontinha deste conhecimento.

Peter Ziegel queria se despedir, dizer um até nunca mais. Ele não queria ouvir a sabedoria do velho de novo e nem ter que se confrontar com ele. E mesmo assim, para a sua própria surpresa, perguntou ao jovem monge:

– Posso voltar amanhã de novo?

Ele nem queria ter perguntado isto! Teria ele perguntado isto mesmo? Tentou ouvir surpreso as palavras dentro de si mesmo.

O monge aquiesceu. "Ele é um grande professor". E acrescentou: "Ele possui muita sabedoria. Ele é sabedoria. É uma grande graça que ele tenha falado contigo. Pense sobre as palavras que ele disse".

Peter Ziegel o seguiu com o olhar, até que a figura do monge sumisse no escuro.

*

É óbvio que ele iria pensar sobre estas palavras. Levantou-se, procurou a saída do pátio interno e deu num outro pátio, perdido entre os átrios escuros. Uma luz fraca lhe mostrava o caminho. Para onde, nem ele sabia, mas não estava com medo. Parece que o conhecimento crescera dentro dele.

Quando chegou ao portal, já passava bem das sete horas da noite. Os tambores da torre não mais tocavam, como nos tempos antigos. Hoje a hora é mostrada por relógios de pulso digitais. "Pena", pensou ele. "Teria gostado de ouvir os tambores".

Estava então do lado de fora, em plena rua. Ele ainda não tinha entendido bem o que lhe acontecera, mas ficou ali esperando até que num momento passou um táxi. O motorista precisou de um tempo até entender o nome do hotel. Peter Ziegel passava pela cidade que não conhecia. Passando pelo trânsito, por muitas pessoas, por quiosques de comida pronta na rua, luminosos de propaganda.

No hotel, foi rápido para o quarto. Sentou-se no escuro, olhando para fora da janela. Em outras ocasiões, ele logo ligaria a televisão. Era quase que um reflexo. Talvez para não se sentir sozinho, para se anestesiar, para se deixar envolver pelo barulho.

Ficou ele ali pensando. "Há coisas que acontecem", assim havia dito o monge. Destas, ele não precisaria se ocupar. A estas ele não deveria dar nenhuma grande atenção. Amanhã ele iria ter ainda uma conversa com um cliente, mas eles não iriam chegar a resultado algum. Isto ele sabia já agora, embora ainda não o aceitasse. Ele tinha simplesmente que conseguir aceitar isto e levar a coisa bem até o fim. Talvez em algumas semanas a situação poderia ser diferente.

O tempo que ele iria ganhar com isto poderia ser investido em ações mais importantes, em informar-se melhor sobre as estruturas, os problemas, os processos e os contatos que poderiam servir de bases para as decisões. Ele queria se concentrar mais em ter clareza sobre as coisas. Queria preocupar-se mais com seus funcionários, ir mais ao encontro deles ao invés de já os avaliar e condenar previamente. Ele não conhecia sequer os pontos fortes dos seus funcionários mais próximos. Ao invés disso, ele acreditava que conhecia mais ou menos as fraquezas de cada um. Chegar a ter mais clareza. Em algum momento ele pegou no sono e sonhou.

No sonho ele caminhava por uma estrada. Havia ali um buraco fundo. Ele caiu no buraco e estava perdido. Estava sem esperança. Ele não tinha culpa de ter caído neste buraco. Ele tentava trabalhar para sair, mas isto demorava muito e foi muito dificultoso.

Novamente caminhava por uma estrada e viu um buraco fundo. Caiu novamente nele. Não pôde entender por que tinha ido para o mesmo lugar e caído no mesmo buraco. Mas não era sua culpa. Demorou muito até que ele conseguisse sair do buraco.

Caminhava novamente pela mesma estrada. O buraco fundo estava lá. Como de costume, caiu no buraco de novo. De repente, ele reconheceu onde estava. E soube também que a culpa bem era sua. Rapidamente conseguiu ele sair do buraco.

Por mais uma vez caminhava ele pela mesma estrada. O buraco fundo estava ali. E ele passou ao largo do buraco.

Por fim, veio ele por uma outra estrada. No fim da estrada estava um velho monge. O monge inclinou-se para ele. Explicou-lhe a sabedoria e isto foi como se ele tivesse recebido uma infusão, pela qual corria para dentro dele gotas de sabedoria.

"Eu tenho a responsabilidade. Ela começa lá onde consigo mais clareza sobre mim mesmo, sobre meus funcionários e sobre minha ação." Peter Ziegel sonhou esta frase.

⋆

A negociação no dia seguinte transcorreu exatamente como Peter Ziegel tinha imaginado. Seus clientes chineses deixaram logo claro que não iriam tomar nenhuma decisão naquele momento. Ele lembrou do velho sábio: "Quando dois tigres lutam, é certo que um dos dois irá perder". Ele não quis neste momento deixar que chegasse a luta alguma. Por isso, ocorreu-lhe a idéia de enviar aos clientes mais informações, bem como um acompanhamento personalizado. Seu parceiro e representante chinês iria se encarregar disto. Até agora estivera insatisfeito com o trabalho deste, não sentia que o chinês entendia as instruções que dava. Mas agora sabia que não se deve julgar um cavalo pelos seus arreios, nem um homem por sua vestimenta. Depois da conversa com o cliente, tomou ele inclusive um tempo para conversar com seu parceiro chinês sobre os resultados alcançados. Peter ficou maravilhado sobre quantas informações de bastidores seu parceiro pode dar a respeito de seus clientes. O chinês conhecia como funcionavam as estruturas internas de decisões e mostrou-lhe que ainda não havia chegado o momento exato para a decisão. Peter Ziegel ouviu com atenção e concluiu que a lâmpada do conhecimento de fato brilha com mais claridade quando ele e seus funcionários regularmente se põem na tarefa de encurtar o pavio.

Ele despediu-se de seu funcionário, pois na manhã seguinte voltaria para casa. Não, hoje à noite ele não queria que jantassem juntos. Ele queria tirar tempo para refletir. Isto o chinês conseguia entender muito bem.

Uma história de sabedoria asiática: sobre o equilíbrio

Nos primeiros anos do século XX, um europeu foi até um mestre chinês e pediu que este lhe ensinasse a arte da luta. O mestre concordou e colocou o europeu para fazer movimentos lentos, com muita concentração. Inicialmente o europeu o obedeceu de bom grado. Depois de três horas de movimentos parecidos, perdeu a paciência e protestou. Recomendou ao mestre que o que ele queria aprender em si eram exercícios de luta.

O mestre mandou que ele se sentasse. Contra a vontade, sentou-se ele num banco. Perguntou ao mestre quando ele iria ensinar-lhe exercícios de luta. O mestre, no entanto, apenas perguntou-lhe se ele estava bem sentado.

– Sim, com certeza.

O mestre mostrou-lhe o que estava errado: as costas não estavam retas. A cabeça não era o prolongamento da coluna.

O europeu não quis entrar nesta discussão. Ele não tinha vindo para aprender como se sentar. O mestre explicou a ele que o treinamento de sentar-se fortalece o senso de equilíbrio. O europeu não quis entender isto de forma alguma. O que o sentar tinha a ver com o lutar?

– Sentar bem resguarda o equilíbrio.

E, enquanto explicava isto, o mestre deu um empurrão de leve no europeu. Este caiu do banco. O mestre sentou-se então no banco e convidou o europeu a derrubá-lo. Este tentou com toda a força e não conseguiu mover o mestre do lugar por um centímetro sequer. De repente o mestre mudou seu ponto de equilíbrio de lugar e o europeu caiu no chão novamente.

– Espero apenas – disse o mestre – que tenhas reconhecido a importância do equilíbrio para o corpo e para a alma.

Sobre a segunda regra

Tenha respeito pelos outros

Peter Ziegel pegou um táxi e deixou-se levar para o templo. Perambulou pelos espaços. Sentou-se em algum lugar. Ficou ali meditando, refletindo.

No dia anterior havia recebido a primeira lição. A sua esperança era ter uma segunda.

Em algum momento o jovem monge apareceu diante dele. O rosto do jovem brilhava. Peter Ziegel teve a impressão de que o monge se alegrava por ele ter voltado. O monge fez um sinal para que o seguisse e levou-o novamente para o pátio interno, como no dia anterior. O velho sábio estava sentado sob uma árvore de folhas grandes. Como Peter já estivesse sendo esperado, ao lado do monge havia uma cadeira e sobre uma pequena mesinha estava um bule com chá e duas xícaras. Com um gesto, foi convidado a sentar-se. O chá foi servido e ele tomava em pequenos goles.

Peter Ziegel teve a necessidade de dizer alguma coisa:

– Muito obrigado pela primeira lição. Tenho o sentimento de que aprendi muita coisa. Não sei de onde vem isto, mas tive a vontade de voltar aqui novamente. Eu quero continuar a ouvir...

Suas palavras lhe pareceram burras. O jovem monge traduziu suas palavras e ele pôde vislumbrar um pequeno sorrisinho no rosto do velho sábio.

风无常顺，兵无常胜。

Um navio não pode navegar sempre com o vento, um exército nem sempre irá vencer todas as batalhas.

– Um navio não pode navegar sempre com o vento, um exército nem sempre irá vencer todas as batalhas.

– O que estas palavras lhe dizem? – perguntou o jovem.

– Eu devo reconhecer que se pode viver também com erros. Ou, que erro é uma coisa normal. Muitos erros sequer acontecem por alguma culpa própria. Eu não devo desanimar diante de erros ou problemas.

– Exatamente. E nosso professor quer lhe dizer mais uma palavra: Nenhum melão é completamente redondo e nenhum ser humano é perfeito.

瓜无滚圆，人无十全。

Nenhum melão é completamente redondo e nenhum ser humano é perfeito.

Peter Ziegel protestou. Ele não queria abdicar tão facilmente de seus valores já conhecidos.

– Porém, é meu objetivo alcançar uma situação de perfeição. Nossos clientes desejam uma performance perfeita. Temos sempre que ser melhores.

Os dois monges parece que se divertiram com sua afirmação. O velho falou muito mais do que de costume e o jovem monge concordava.

– O professor o entendeu. Ele disse que desta forma de pensamento provém vosso desassossego e daí muitos dos vossos erros. Ele disse: Encontrar

人无完人，金无足赤。

Encontrar um ser humano perfeito é exatamente tão impossível quanto também é impossível encontrar ouro cem por cento puro.

um ser humano perfeito é exatamente tão impossível quanto também é impossível encontrar ouro cem por cento puro.

E ele disse:

人无千日好，花无百日红。

Uma pessoa não pode ter sempre sorte, como as flores, que também não florescem o tempo todo.

– Uma pessoa não pode ter sempre sorte, como as flores, que também não florescem o tempo todo.

Os exemplos tinham sido bastante simples. A sabedoria era bastante simples. As flores não podiam florescer o tempo todo. Mas Peter Ziegel queria contestar: Mas no vaso se pode sempre ter flores. Talvez não se pudesse encontrar um ser humano perfeito, mais poderiam existir processos perfeitos. E se as pessoas trabalhassem conforme estes processos, isto já seria uma perfeição.

Mas... por que tudo neste mundo tem que ser perfeito? Temos a pretensão de perfeição e cometemos muitos erros por exigirmos em demasia. Assim ele de fato pensava, mesmo que não o quisesse. Se não tivéssemos a pretensão de perfeição, provavelmente iríamos cometer menos erros.

Ele queria pensar melhor sobre isto. Peter Ziegel reconheceu que teria que avaliar suas pretensões e talvez reconsiderá-las. Menos, às vezes é mais. Ele iria perdoar seus erros e iria perdoar os erros de seus funcionários. Talvez disso pudesse inclusive surgir algo novo, uma nova cultura, um novo movimento.

Ele tomou o chá até o fim. Era um chá amargo. Bem que ele desejava que tivesse açúcar, mas assim ele pode sentir melhor o gosto do chá. O gosto do chá ficou-lhe na língua.

O velho olhou para ele e deu-lhe ainda o seguinte conselho:

– Quem trabalha, comete erros. Uma pessoa só pode tropeçar quando anda, um cavalo só pode tropeçar quando galopa. E mesmo assim é preciso se armar contra erros. Uma faca en-

人有失足，马有失蹄。

Uma pessoa só pode tropeçar quando anda, um cavalo só pode tropeçar quando galopa.

刀不磨要生锈，水不流要发臭。

Uma faca enferruja se não for afiada e a água torna-se turva quando não se a deixa correr.

ferruja se não for afiada e a água torna-se turva quando não se a deixa correr.

Peter Ziegel ficou mudo diante de si e auscultou as palavras.

– O mestre pensa – completou o tradutor – que se deve aceitar erros, que se deve aprender deles e que nunca se deve deixar desanimar por eles. Você está à procura de um caminho, de seu caminho. Nossa tradição nos diz que a procura por um caminho é semelhante à escalada de uma alta montanha. Quem está à procura irá escolher uma montanha e um guia que possa mostrar o caminho. Ambas as coisas são decisivas para se obter sucesso na busca. Tanto uma montanha muito íngreme quanto um guia inexperiente podem conduzir ao fracasso. Mas mesmo quando as escolhas forem certas, isto por si só não garante a vitória. No caminho se vai ter que lutar com muitos problemas e contrariedades. É preciso esforçar-se. É como que uma luta a dois contra a montanha. A montanha exige atenção máxima. Cada movimento precisa ser feito com muita exatidão. O guia pode aconselhar, mas cada qual tem que colocar em prática o conselho por si mesmo. Cada qual tem que dar um passo depois do outro. Na verdade, o caminho mostra a luta de cada pessoa consigo mesmo. Desta forma, cada qual consegue clareza sobre si mesmo. E quando alguém segue o seu caminho, isto produz também clareza sobre as pessoas que estão à sua volta, sobre as ações com as quais se está envolvido. E se, finalmente, a pessoa sai do vale e vence todas as provações do destino, ela se encontra no ápice e fica contente consigo mesma. Aí a pessoa consegue realizar coisas, que antes nem iria tentar fazer.

O caminho é longo, penoso e difícil. O segredo para o caminho certo está em nunca se deixar desanimar e persistir. A luta com seus próprios erros, fraquezas e ilusões é impiedosa. Quem está à procura tem que ter paciência de enfrentar os próprios erros sem ceder e sempre se colocar contra eles. As armadilhas mais perigosas são a soberba, a covardia, a impaciência e a dúvida. Muitos já fracassaram por causa disto.

Peter Ziegel ficou admirado. O jovem monge nunca tinha falado tão longamente. Quando ele levantou os olhos, o velho tinha já desaparecido.

– Vou viajar de volta à Europa – disse Peter Ziegel. – E vou tentar colocar em prática o que aprendi aqui.

– Isto é bom.

– Mas eu vou voltar e dar notícias.

– Isto é bom.

Peter Ziegel levantou-se. O sol brilhava e aquecia de uma maneira muito boa. Ele sentia-se recuperado e forte.

– Em nosso mosteiro há três regras – disse o monge em voz baixa. – Estas, eu gostaria de lhe confiar para a viagem da vida: tenha respeito por si mesmo, tenha respeito pelos outros e, finalmente, tenha respeito por todas as suas ações e assuma a responsabilidade por elas.

Peter Ziegel inclinou-se, murmurou uma fórmula de agradecimento e deixou o mosteiro.

No dia seguinte dirigiu-se ao aeroporto e pegou o vôo para casa. O avião partiu e trouxe Peter Ziegel de volta ao seu mundo.

*

Quando Peter Ziegel chegou ao seu escritório encontrou em seu computador trezentos e-mails não lidos. Decidiu não abrir nenhum deles. Perguntou à secretária como ela estava. Distraída ela já ia responder com um "bem" sem qualquer conteúdo. Peter Ziegel iria passar voando por ela mesmo, como sempre. Porém não foi assim e a secretária ficou admirada que desta vez de fato ele queria saber uma resposta ao que estava perguntando. Assim ela contou que não havia conseguido agendar um compromisso importante com a diretoria e que sentia muito por isso, que ela havia preparado uma das apresentações desejadas, mas que não sabia se ele iria ficar satisfeito e que à noite ela não conseguiu dormir, pois sua filhinha estava doente. Ele sugeriu que ela ficasse em casa até que a filhinha estivesse melhor. A secretária ficou muda com a surpresa.

Peter Ziegel tinha cinco coordenadores de departamentos. Convidou um a um para uma conversa e pediu que relatassem tudo o que ocorrera nas últimas semanas. Ele prometera a si mesmo que iria ouvir, sem ficar o tempo todo interrompendo com perguntas. Assim ficou sabendo muitas coisas do negócio, muito mais do que quando ficava o tempo todo fazendo perguntas. Quando os funcionários notaram que ele ficava ouvindo de fato, passaram não apenas a relatar os problemas, mas também a dar sugestões para melhorar as situações. Peter Ziegel admirou-se sobre a competência com a qual os funcionários falavam de suas tarefas. Ele nunca havia percebido isto nos últimos anos.

Ele terminou cada uma das conversas perguntando a cada um se ele, Peter Ziegel, poderia fazer alguma coisa boa, pessoalmente. Ele nem tinha pensado muito sobre a pergunta. Ela veio de forma meio espontânea. Ficou admirado com as respostas. Um perguntou por uma decisão que já havia de ter sido tomada, o outro pediu uma meia hora de tempo para falar sobre um tema especial. Um terceiro desejava o seu apoio para uma contratação e um outro se ofereceu, se ele quisesse, para assumir a coordenação de um grupo de trabalho que deveria prospectar inovações importantes.

Depois das conversas, Peter Ziegel sentia-se muito bem. Para certos problemas, ele pôde de repente vislumbrar soluções. Não exata, nem concretamente o que, mas ele sabia que eles iriam encontrar soluções. Ele sentiu ao mesmo tempo respeito por si mesmo e respeito por seus funcionários. Admirou-se um pouco, porque em si ele nunca tinha tido confiança em seus funcionários. Este pessoal não era tão ruim.

Sentou-se então em seu escritório e colocou por escrito todos os problemas, tarefas e desafios que lhe vieram à mente. Finalmente colocou-os em ordem e os agrupou, de maneira a colocar junto aquilo que devia estar junto. Isto demorou até tarde da noite.

Agora reconheceu ele as dificuldades que os colaboradores tinham diante de si. Elas tinham apenas que ser solucionadas.

⋆

No dia seguinte, a rotina dos negócios caiu pesada sobre ele novamente. Um cliente telefonou e reclamou dos serviços, um metrô de superfície tinha descarrilado numa cidade norte-americana, um fabricante de portas tinha falido e não poderia mais fornecer. Um funcionário que deveria montar um novo grupo de engenheiros ficou doente e teria que ficar afastado por alguns meses. O chefe de um grupo de distribuição pediu as contas, porque não agüentava mais trabalhar "neste rolo todo", segundo sua expressão. O presidente queria saber como estavam os números dos resultados. Um outro diretor insistia em receber esclarecimentos sobre a estratégia que estava usando na China.

Peter Ziegel "bufou" para a sua secretária que ela haveria de trabalhar mais. Em seu computador, cerca de quatrocentos e-mails esperavam por ser lidos.

Ele suava. Só não ceder. Só não se mostrar pequeno. Ele iria conseguir atravessar isto. Precisava apenas trabalhar mais rápido. Ele iria achar a solução. Chamou o chefe de departamento para um relatório, mas não o deixou terminar de falar e deu instruções que iam contra as combinações básicas. Com isto deixou seu chefe de departamento muito confuso.

Num certo momento, percebeu ele que estava novamente no meio do processo de fomentar e fortalecer o caos. Ele não iria mais conseguir ter o negócio na mão por muito tempo. O negócio o iria ter na mão.

E assim foi a semana toda.

No fim de semana levou a pasta cheia de trabalho para casa. Brigou com sua esposa, pois esta queria ir visitar seus pais neste fim de semana. Como ele não tinha tempo, ela foi sozinha.

Lutou através dos e-mails e já era tarde da noite quando leu a notícia de seu representante chinês, que o cliente, a administração da cidade de Pequim, tinha sim mostrado interesse no projeto de inovação do metrô de superfície.

Ficou sem respirar e mudo sentado diante de seu computador.

"China", suspirou ele.

Este negócio ele já havia dado como perdido. E não queria viajar de novo para a China.

"Ou?" Pensou ele. "Sim, ele queria viajar de novo à China, imediatamente."

E já na segunda-feira estava ele sentado no avião. Foi como uma fuga. Ele estava sentado confortavelmente. Não lia nada, nem via filme algum. E não conversava com ninguém.

"Eu tenho respeito por mim", formulava ele em sua cabeça. "Eu tenho respeito por meus funcionários. Eu tenho respeito por minhas ações".

Como ele iria conseguir se libertar desta crise? Como ele iria conseguir espaço? Como ele iria conseguir trabalhar em soluções?

Pegou um táxi para o hotel e lá chegando tomou um banho.

Telefonou para o seu funcionário e marcou um horário para o dia seguinte. Eles queriam primeiro conversar entre si e só depois ir até o cliente.

Para aquela noite ele não queria mais nenhum compromisso.

Uma história de sabedoria asiática: sobre a força ilusória

Um mestre nas artes de luta mudou-se para uma aldeia distante e lá fixou residência. Notou rapidamente que as pessoas o temiam e respeitavam. Agradou-se ele disso em princípio, silenciosamente, mas rapidamente se acostumou com isto, e passou a exigir este respeito, sempre onde estivesse. Proibia qualquer contestação e quando alguém mesmo assim tentava contestá-lo, ele surrava a pessoa. Isto durou muito tempo, até que durante um passeio ele encontrou um pequeno velho. O velho não fez nenhuma menção de que iria deixar o caminho livre e continuava em seus passos pequenos a andar calmamente na direção dele. Isto irritou o mestre de lutas e ele tentou empurrar o velho para o lado. O velho, no entanto, permaneceu em seu caminho. O mestre de lutas quis expulsar a socos o velho, este porém se defendeu dele agilmente. Isto irritou o mestre de lutas de tal maneira que ele partiu para cima do velho para dar-lhe uma surra. Este até que conseguia se defender, mas não pôde resistir à força e agilidade do mestre de lutas. Num momento, porém, ele conseguiu tocar o peito do mestre de lutas. Satisfeito com o resultado da luta, o mestre seguiu o seu caminho.

Aconteceu, no entanto, que, nos dias que se seguiram, o mestre de lutas sentia-se cada vez pior. Não conseguia mais respirar direito, não tinha mais apetite e decaiu visivelmente. Tinha dores de cabeça terríveis. Ele pensou longamente sobre o motivo de sua doença e chegou à conclusão de que só poderia ter sido o toque que lhe dera o velho. Talvez ele tivesse acertado o seu centro de energia. Talvez seu movimento tivesse tido efeito só tardiamente. E finalmente chegou ele à conclusão de que o velho havia lhe dado uma lição. A ele ficou claro que tinha se deixado enganar pela aparência do velho homem e que – dolorosamente – ele havia valorizado sobremaneira suas próprias forças.

Cheio de arrependimento mandou ele chamar o velho, que morava como ermitão fora da localidade. Ele desculpou-se por seu comportamento errôneo e lhe agradeceu por lhe ter aberto os olhos para as verdades da vida. O velho cuidou do mestre de lutas com suas próprias mãos. Quando o mestre de lutas recuperou a saúde, pediu ao velho que o aceitasse como seu aluno. Quando o velho concordou, mudou-se ele para a ermida e permaneceu até o fim da vida do velho como seu aluno e tornou-se assim um mestre de lutas muito sábio e honrado. As pessoas o reconheciam e tinham respeito por ele.

Sobre a terceira regra

Tenha respeito por suas próprias ações

Peter Ziegel pegou um táxi até o mosteiro Lama. A sala da proteção eterna tinha sido antes a moradia do príncipe. Ali se encontravam três figuras de Buda: o Buda do rugido do leão, o Buda da luz eterna e o Buda da medicina. No primeiro andar do último pátio, dois corredores de galerias ligavam o salão central com os dois pavilhões laterais, como duas pontes. Mesmo sendo colossal, a construção tinha algo de flutuante.

Estava ele agora no centro do pagode das dez mil sortes, de três andares, diante da estátua de Buda de 26 metros de altura. Fascinado, tocado, impressionado. Ela é esculpida de um único tronco de sândalo e foi doada há mais de 250 anos ao Imperador Qianlong pelo 7º Dalai Lama em agradecimento por sua ajuda para debelar um levante no Tibete. O colosso foi levado da província de Yunnan para Pequim.

A estátua está enterrada oito metros no chão, para assegurar a sua estabilidade. O próprio pavilhão foi construído depois de ter sido instalada ali a estátua.

É o Buda do futuro.

*

Peter Ziegel estava sentado na cadeira de alfaiate, no canto. Estava sentado, calado e esperando até que o jovem monge, o tradutor, apareceu diante dele. Ele não sorriu, apenas o olhou calmamente. Mas ele o reconheceu.

– Segue-me.

Peter Ziegel levantou-se e seguiu o monge.

– Cheguei hoje.

Mas isto não interessava a ninguém.

O velho estava encostado em uma árvore, como se o tivesse esperando.

Eles não se deram as mãos. Ele ajoelhou-se diante do velho. O que ele estava fazendo ali? Ele nunca tinha se ajoelhado diante de qualquer outra pessoa.

Mas ele ajoelhou. O velho então falou e o jovem monge traduziu:

– Olhe para as coisas desconfortáveis decididamente nos olhos e sua ameaça irá desaparecer.

见怪不怪，其怪自败。

Olhe para as coisas desconfortáveis decididamente nos olhos e sua ameaça irá desaparecer.

Este monge podia se dar ao luxo de falar isto. Pois de fato ele estava de novo ali para conduzir estas negociações. Não, não era bem isto. Ele estava ali fugindo. Esta realidade é que ele deveria olhar decididamente nos olhos.

Ele tinha decidido fazer muitas coisas quando voltara para a Alemanha. Mas fracassara redondamente. A pequena guerra do cotidiano do mundo dos negócios o tinha engolido e ele tinha entrado no jogo porque não aprendeu nada. Disto é que ele tinha que estar consciente. Esta realidade desconfortável, que ele havia fracassado, que ele sempre de novo fracassava, esta é que ele não tinha olhado decididamente nos olhos. Ele, na verdade, nem queria admitir isto, pois sempre encontrava outros para pôr a culpa, enquanto ele mesmo fugia.

O monge o olhou firmemente e sinalizou para que se sentasse.

江山易改，本性难移。

Rios e montanhas irão se modificar, mas é difícil mudar a personalidade de uma única pessoa.

– Rios e montanhas irão se modificar, mas é difícil mudar a personalidade de uma única pessoa.

Sim, era verdade. Também sua personalidade era difícil de modificar-se. E somente ele a conseguiria mudar, se é que isto de fato fosse possível. Mas por que não deveria ele aceitar-se a si e aos outros simplesmente como são?

O jovem monge dirigiu-lhe a palavra:

– Estamos vendo que você não está bem.

– Eu fracassei. Eu não tive forças suficientes.

– Não, você ainda não aprendeu o suficiente. Você ganhou respeito por si mesmo e ganhou respeito por seus funcionários. Mas você ainda não ganhou respeito por suas ações.

De onde o monge sabia o que ele tinha vivido nas últimas semanas?

"Você precisa cuidar de suas ações".

Peter Ziegel sentiu um desconforto subir-lhe. Sim, claro, ele tinha que fazer isto. Mas ele não sabia nem sequer por onde começar.

酒逢知己千杯少，话不投机半句多。

Quando bebes com um amigo, mil copos podem não ser suficientes; quando discutes com alguém, uma meia frase já pode ser demais.

– Quando bebes com um amigo, mil copos podem não ser suficientes; quando discutes com alguém, uma meia frase já pode ser demais.

Ele precisava aprender a diferenciar. Ele precisava ser mais seletivo no seu engajamento, precisava dividir melhor seu tempo. Ele precisava investir mais tempo em seu chefe de departamento e ignorar outros problemas. Ou, melhor ainda, delegá-los a outras pessoas.

Ainda no meio de seus pensamentos, soou a voz do tradutor:

千军易得，一将难求。

É fácil encontrar mil soldados; o difícil é encontrar um bom general.

– É fácil encontrar mil soldados; o difícil é encontrar um bom general.

Ele sempre tinha se esforçado por escolher pessoalmente seus funcionários. Eles deveriam ser os melhores. Eles deveriam trabalhar bem em equipe. Eles deveriam ser eficientes. E mesmo assim certas tarefas eram difíceis. Por isso, se deveria concentrar no que é mais importante. E a tarefa mais importante consistia agora em dedicar-se aos seus funcionários mais importantes, construí-los, fortalecê-los, potencializá-los. Ele não tinha tido tempo nenhum para isto. Isto tinha sido um erro.

Disto agora ele tinha clareza: ele tinha que se dedicar aos seus funcionários. Ele tinha que fortalecê-los, para que eles pudessem dar conta das outras tarefas, das grandes e pequenas catástrofes.

Parece que o monge lhe leu os pensamentos, pois disse:

– Você está pensando corretamente.

E, depois de uma pausa, acrescentou:

– Quando as pessoas têm o espírito e o coração unidos, poderão inclusive mudar o Tai Shan de lugar.

Peter Ziegel olhou o monge de maneira interrogativa e este explicou:

– O Tai Shan é a primeira e a mais importante das cinco montanhas sagradas. E embora haja na China montanhas mais altas, é ela que aparece nas sabedorias como a maior e a mais imponente. Este provérbio significa que você consegue transportar montanhas quando a sua equipe trabalha unida. Deixa eu dizer isto de uma outra maneira: Quando as pessoas estão unidas, até a terra amarela pode se transformar em ouro.

人心　，泰山移。

Quando as pessoas estão unidas de espírito e de coração, até a terra amarela pode se transformar em ouro.

Por que este monge tinha que lhe falar algo sobre equipe? Com certeza ele, Peter Ziegel, entendia melhor do assunto. Ele sabia como se compõem equipes e como elas trabalham. Já havia lido muitos livros a respeito. E mesmo assim ele tinha que reconhecer que sua equipe na verdade não formava um time e que ele, provavelmente, nem era o tipo certo para ser o capitão. Tudo o que ele fazia podia se resumir em passar ordens, passar instruções e levantar acusações. Ele mesmo se achava o time todo, quando muito. E não obtivera sucesso.

Ele queria fugir dali. Ele levantou-se bruscamente. Chega, não queria ouvir mais sabedoria alguma. Sentou-se porém novamente no mesmo instante, como se fosse compelido por alguma coisa. Tomou uma xícara de chá e debruçou-se, cheio de ódio e agressão.

O monge continuou falando, como se nada tivesse acontecido:

– Uma cerca é sustentada por pelo menos três postes. Também uma pessoa precisa da ajuda de três outras. Se você é a cerca, você precisa de bons funcionários que sejam os seus postes. Uma cerca não é nada sem os postes.

一个篱笆三个桩，一个好汉三个邦。

Como uma cerca é sustentada por pelo menos três postes, também uma pessoa precisa da ajuda de três outras.

Teria ele os funcionários certos? Teria ele os postes certos?

E o monge falou de novo:

– Tudo está pronto, só não o vento leste.

万事俱备，只欠东风。

Tudo está pronto, só não o vento leste.

Peter Ziegel olhou o velho monge de maneira questionadora e notou nele um sorriso no rosto.

– Atrás deste provérbio se esconde uma história. Vou lhe contar. No tempo do reinado dos três reis – na vossa contagem isto corresponde ao terceiro século depois de Cristo – as tropas dos reinos de Wu e de Shu lutavam unidas contra o reino de Wei. Zhou Yu era o general das tropas unidas e ele desenvolveu um plano de mandar navios em chamas contra a armada de Wei e assim queimá-la. Tudo foi então preparado. A armada de Zhou Yu ancorou na parte de baixo do rio Yangtze e a armada do inimigo encontrava-se na parte ocidental. Finalmente tudo estava preparado como o general havia ordenado. Faltou apenas o vento leste que iria empurrar os navios em chamas com segurança e precisão contra a armada de Wei. Tudo estava pronto, só faltou o vento leste.

O monge então calou-se. Peter Ziegel entendeu que naquele dia a lição havia terminado. Agradeceu silenciosamente, sem que os monges sequer notassem. Afastou-se e caminhou pelo parque do templo na direção da saída. Ele andava com passos largos e notou como o movimento lhe fazia bem. Bem-humorado e quase alegre chegou ele ao hotel. Tomou um banho demorado, deitou-se e dormiu profundamente e sem sonhos.

Uma história de sabedoria asiática: sobre o destino

O grande general Nobunaga decidiu atacar um inimigo mais poderoso. Apesar da força do inimigo, o general estava certo da vitória. Seus homens, porém, nem tanto: eles hesitavam e vacilavam, pois sabiam que o inimigo era muito mais forte e por isso o temiam. O medo dos soldados não passou despercebido ao general. Por isso parou ele em um nicho xintoísta e esclareceu suas tropas que ele queria meditar, concentrar-se e pedir a ajuda dos deuses. Ao final ele iria jogar uma moeda: cara significaria vitória; coroa, derrota. Eles iriam se submeter ao destino.

Ele meditou no nicho por algum tempo, depois voltou para frente de suas tropas e jogou a moeda. Deu cara. Os guerreiros pegaram coragem e lutaram destemidamente. E assim derrotaram completamente o inimigo.

Depois da vitória, um dos ajudantes dirigiu-se ao general dizendo que na verdade ninguém poderia prever ou sequer influenciar o desfecho de uma tal batalha. Era destino. Esta vitória era a prova disto. O general pegou então a moeda e a mostrou para o seu ajudante. Era uma moeda falsa. Ela tinha cara dos dois lados.

As negociações do dia seguinte transcorreram muito bem. O motivo para isso foi o fato de Peter Ziegel ter deixado a seu funcionário a parte mais importante. Este conseguiu ganhar a confiança de seu cliente chinês. Peter Ziegel apenas o confirmou. As negociações foram feitas basicamente em chinês, de maneira que ele pôde seguir apenas aquilo que lhe foi traduzido. Mas ele não perdeu a calma. Ele pensou nos conselhos do monge e no fundo em sua própria convicção. Fazer com que sejamos uma equipe. Deixar sempre o melhor do time fazer a sua parte. E neste caso não havia dúvidas de que seu parceiro chinês era melhor que ele nas negociações. Finalmente o sucesso: os clientes estavam de acordo e iriam assumir a sua proposta para o metrô de superfície de Pequim.

Peter Ziegel sabia bem que era uma vitória apenas parcial, mas se sentia bem. Ele relatou a novidade para a diretoria na matriz. Depois ele teve que ir tomar um *Mau Tai*, uma cachaça chinesa, com seu parceiro e seus clientes, conforme o costume quando negociações são encerradas. Por isso ele não poderia mais ir visitar o mosteiro hoje.

*

O sol brilhava. Como Pequim sabia ser bela quando o sol brilhava. Como a cidade podia ser bela, quando obtivera sucesso.

O parque do mosteiro Lama brilhava com a luz do sol na manhã seguinte. Peter Ziegel sentou-se num banco e relaxou. Ouviu à distância os sinos do templo e a cantoria dos monges. Depois de um tempo, levantou os olhos e viu o tradutor de pé diante dele.

– Você está satisfeito – disse ele.

– Com se pode perceber isto?

– É o brilho que você está tendo.

Peter Ziegel admirou-se. Ele nunca tinha imaginado que só a forma de seu rosto já conseguiria transmitir satisfação.

– O mestre espera por você.

Ele seguiu o jovem monge novamente pelo labirinto de átrios, pátios, jardins até chegarem a um pequeno, quase acanhado, pátio interno.

– Aqui vive o mestre – esclareceu o tradutor.

O mestre estava deitado numa maca. Ele não tinha passado bem nestes dias.

– Ele já é bem idoso – disse o tradutor.

Peter Ziegel inclinou-se diante do mestre. Ele não sabia o que deveria dizer. Palavras consoladoras não lhe pareciam adequadas. O velho disse então algumas palavras. O jovem monge esclareceu:

– Senta. O mestre gostaria de dizer-lhe ainda uma última lição.

O mestre falou longamente. Muito mais que das outras vezes. Quando ele terminou de falar, o jovem monge traduziu-se as palavras.

小洞不补，大洞叫苦。

Um pequeno buraco que não é fechado torna-se rapidamente um grande buraco, que só pode ser fechado com muita dificuldade.

– Um pequeno buraco que não é fechado torna-se rapidamente um grande buraco, que só pode ser fechado com muita dificuldade.

Sim, assim é mesmo. E não se esqueça de que pequenas coisas podem ter uma grande influência:

一粒老鼠屎，坏了一锅粥。

Uma pequena quantidade de sujeira de rato estraga toda a panela de mingau de aveia.

– Uma pequena quantidade de sujeira de rato estraga toda a panela de mingau de aveia.

E também:

– Um movimento desatento pode colocar todo o jogo em perigo.

Peter Ziegel não dizia nada. O que ele deveria dizer? O monge tinha razão. No passado ele tinha tentado sem sucesso muitas vezes controlar as grandes catástrofes e tinha esquecido de tapar os pequenos buracos que causavam novas catástrofes. Desta maneira ele de fato nunca tivera a mínima chance de mudar algo realmente.

一着不慎，满盘皆输。

Um movimento desatento pode colocar todo o jogo em perigo.

O jovem monge perguntou se ele queria chá. Ele aceitou agradecido. Enquanto esperavam o chá chegar, o tradutor perguntou-lhe se ele tinha entendido tudo o que o mestre havia dito.

– Sim – disse Peter Ziegel. – Mas...

Ele não achou as palavras, mas parece que o jovem monge conseguiu mesmo assim entender a sua questão:

– Um segundo tem mais valor que um grama de ouro. É preciso prestar atenção ao tempo. Ele é importe para você, para as pes-

一寸光阴一寸金，寸金难买寸光阴。

Um segundo tem mais valor que um grama de ouro.

soas à sua volta e para as suas ações. Nesta questão você irá entender a regra básica de nossa filosofia. Ter respeito por si mesmo significa ter tempo para si mesmo. Ter respeito pelos outros significa ter tempo para os outros. Ter respeito por suas ações significa ter tempo para suas ações. Você precisa ter uma outra concepção de tempo.

O velho mestre tinha tido tempo para ele. Aproximaram-se dois outros monges, levantaram-no de onde estava deitado e o levaram para um outro quarto. Ele não estava bem.

O que significava ter tempo para os outros? O velho tinha sempre tempo para tudo. Mas às vezes também é necessário tempo para si mesmo. E, em algum momento, o tempo de cada um também iria se encerrar.

十年树木，百年树人。

Para uma árvore crescer são necessários dez anos, mas para fazer surgir uma geração de pessoas boas são necessários cem anos.

"Para uma árvore crescer são necessários dez anos, mas para fazer surgir uma geração de pessoas boas são necessários cem anos".

O velho tinha se ido. Somente o tradutor permanecia ali. E mais uma vez ele falou a Peter Ziegel e sua voz soava firme e convincente. Seria ele também um sábio? Um mestre de amanhã, um sábio da geração seguinte. O monge não era mais tão jovem.

– Sente-se firme no barco, mesmo quando o vento e as ondas estão furiosos.

任凭风浪起，稳坐钓鱼船。

Sente-se firme no barco, mesmo quando o vento e as ondas estão furiosos.

Esta é uma imagem muito antiga na China. O vento e as ondas passam por cima e vão embora quando a gente se abaixa e fica calmo. Às vezes é bom manter a calma para deixar passar alguma situação.

O futuro é importante. O futuro é a sua vida; por isso, aceite-o e não tenha medo dele. Os filhos poderão cuidar de si mesmos quando estiverem crescidos; por isso os pais não devem trabalhar duro demais para o futuro deles.

儿孙自有儿孙福，莫为儿孙做马牛。

Os filhos poderão cuidar de si mesmos quando estiverem crescidas; por isso os pais não devem trabalhar duro demais para o futuro deles.

放下屠刀，立地成佛。

O açougueiro que abandonar sua faca de abate, tornar-se-á Buda.

Muitas coisas fantásticas ainda irão acontecer no futuro: o açougueiro que abandonar sua faca de abate, tornar-se-á Buda.

Peter Ziegel levantou-se. Ele sentia-se cheio de sabedorias. Ele não voltaria novamente. De agora em diante iria seguir seu próprio caminho.

O tradutor ainda lhe passou uma última mensagem:

– Quando um homem semeia, também deverá colher.

Sim, as pessoas deveriam colher. Que recompensa teriam senão de seu trabalho e esforço. Eles têm que participar dos resultados, têm que lucrar com o seu trabalho. Como conseguia a sabedoria asiática ser tão simples. Quão fácil era a um europeu esquecer isto.

Peter Ziegel despediu-se.

O monge deu-lhe ainda uma palavra para o caminho:

– Não esqueça de seus passos. Um homem sempre deixa seu nome onde quer que tenha estado, como um ganso, cujo grito se ouve em qualquer lugar onde ele voar.

人过留名，雁过留声。

Um homem sempre deixa seu nome onde quer que tenha estado, como um ganso, cujo grito se ouve em qualquer lugar onde ele voar.

Independente do que se faz, em cada ação cada qual deixa as suas marcas.

★

Peter Ziegel tomou o avião de volta para a Alemanha. Ele sentia-se forte. Era um sentimento que lhe vinha das entranhas. Um bom sentimento. Ele sentia-se agradavelmente aquecido. Fechou os olhos. Este sentimento ele queria degustar.

Ele refletia sobre como poderia colocar em prática os conselhos recebidos e torná-los seus aliados. “Quem poderia ajudá-lo?” Pensou primeiro no seu chefe, com o qual queria ter uma conversa sincera. Depois nos coordenadores de segmento. Ele precisaria fortalecê-los, pois assim eles iriam fortalecer a ele também. Ele precisaria fomentar a personalidade deles e assim eles iriam acolher a sua personalidade. Ele precisaria ter mais confiança neles e assim eles iriam confiar mais nele. Ele precisaria ter mais compreensão para com a situação deles e assim eles iriam ser mais compreensivos para com ele. Em sua cabeça, tentava ele organizar as sabedorias do mestre. Primeiro ele lembrou da máxima de que era mais fácil encontrar mil soldados que um bom general. Teria ele já encontrado os generais certos? Ou teria ainda que procurar por eles?

Ele pegou um pedaço de papel e escreveu ali todas as qualidades de seus coordenadores de segmento de negócios. Lembrou-se de situações em que pôde vê-los em ação. Um havia negociado bem numa situação que ele mesmo já tinha dado como perdida. Um outro tinha realizado um seminário para seus subordinados, que ele mesmo tinha achado de início totalmente desnecessário. Depois do seminário Peter conversara com os funcionários e estes tinham ficado maravilhados com o seminário. Um outro ainda tinha de certa feita apresentado a estratégia de como trabalhar um segmento do mercado. E Peter tinha descartado a idéia, sem sequer ter lido bem o escrito. Mas tarde, mexendo em seus papéis, encontrou o escrito novamente e, ao lê-lo, havia ficado surpreso com a qualidade de seu conteúdo. Mas ele era muito covarde para rever uma decisão. Não havia mostrado grandiosidade alguma.

Ele escreveu tudo isto em seu pedaço de papel e sua letra foi ficando cada vez menor porque lhe ocorriam sempre de novo bons exemplos que poderiam ali ser registrados. Finalmente chegou à conclusão de que ele tinha bons, sim, excelentes, funcionários. Por que ele não reconhecera isto antes? Um bom sentimento cresceu dentro de si.

Ele não sabia como os coordenadores de segmento se relacionavam entre si. Formavam eles uma equipe ou eram todos lutadores solitários? Poderiam eles deslocar o Tai Shan? Eram eles unidos em espírito e coração, como dissera o sábio? Ele não fazia a mínima idéia. Ele já havia, é fato, realizado alguns encontros em conjunto, mas sempre se tinha tratado apenas de temas de trabalho. Reconheceu o quão pouco ele sabia sobre seus coordenadores de segmento. E a questão da equipe era tão importante. Isto ele sabia, já soubera sempre, mas não levara em conta. Como havia dito mesmo o sábio? Quando as pessoas estão unidas, até a terra amarela pode se transformar em ouro. Se o grupo de liderança estiver unido, todas as suas dificuldades podem ser superadas, pois eles iriam transpor as barreiras do pensar e do agir.

Ele pensou que já possuía o conhecimento. Só faltava o vento leste soprar. E estava certo de que não iria lhe acontecer o que sucedeu com o general Zhou Yu. Seus barcos seriam empurrados na direção certa.

Estava ele ainda em meio a seus pensamentos quando o avião pousou em Frankfurt, bem cedo. O vento leste tinha feito o avião chegar mais rápido.

*

Peter Ziegel tinha de reconhecer que estava um tanto inseguro quando na manhã seguinte chegou ao seu escritório. O sentimento bom de segurança, de confiança havia desaparecido. O calor dentro dele tinha evaporado.

Ele cumprimentou gentilmente sua secretária. Ele havia, inclusive, trazido um presente para ela, uma xícara de chá chinesa. Ela ficou contente, mas ficou mais surpresa ainda pelo fato de ele nunca ter lhe dado um presente.

Ela informou-lhe sobre tudo o que havia ocorrido em sua ausência e o que ele iria encontrar nos próximos dias. Ele ouviu tudo com atenção e controlou-se para são sair logo tomando decisões. Não agir imediatamente. Sua secretária já havia passado todas as questões também para os coordenadores de segmento. Não havia, pois, motivo algum para cair de novo na correria.

Em um dos dias seguintes, ele agendou uma conversa com seu chefe. Contou-lhe de sua busca pela sabedoria e, para sua surpresa, o chefe ouviu-lhe com interesse. E o incentivou inclusive. Os pensamentos eram bons. Ele precisaria somente colocá-los em prática. Peter Ziegel concordou. Sentia-se forte e conseqüente o suficiente para pôr em prática a sabedoria. Pediu o apoio de seu chefe para o caso de querer falar-lhe sobre a experiência. Com satisfação ouviu o chefe dizer que o faria de bom grado. Sim, ele estaria à disposição. Isto era, inclusive, sua tarefa.

Peter convidou então os seus coordenadores de segmento para uma conversa. Para esta reunião não iria haver nenhuma pauta, o que em si já era algo admirável. Mas era isto mesmo que ele queria. Ao invés disso, relatou aos seus funcionários a sua experiência na China. Contou-lhe de sua busca pela sabedoria. Os funcionários ouviram com interesse. Inicialmente ele estava um pouco inseguro sobre como deveria introduzir o assunto. Decidiu-se no entanto falar abertamente sobre sua experiência. Isto desencadeou rapidamente uma discussão muito viva sobre como deveria ser no futuro a forma de trabalhar em cooperação. Seus funcionários deram sugestões, discutiram a respeito delas e chegaram a um modelo de trabalho que prometia muito.

Esta conversa trouxe a Peter Ziegel novos conhecimentos. Antes ele era perseguido por dúvidas. A qualidade de seus funcionários seria suficiente? Poderia ele depositar confiança neles? Ele iria se entender com eles? Descobriu ele agora que nem era necessário questionar a personalidade dos funcionários, que não havia motivo algum para pressionar por mudanças. Seus funcionários encaixavam-se em sua equipe do jeito que eram. Eles não precisariam se modificar. Ele mesmo tinha que se modificar um pouco. Finalmente, Peter compreendera isto. Totalmente convencido, pôs-se ao trabalho.

O velho sábio tinha dito:

– Rios e montanhas se modificam, mas é difícil modificar a personalidade de uma única pessoa.

Isto era fato. Mas nem seria necessário. Ele não iria precisar modificar nenhuma destas personalidades. Com estas personalidades ele poderia mudar montanhas.

Nos dias que se passaram, Peter fez reuniões semelhantes com seus funcionários. Eles pegavam cada problema de forma conjunta, e conseqüente, faziam uma análise e trabalhavam em propostas de soluções. Cada vez um dos funcionários ficava responsável por colocar em prática, apoiado pelos outros, e também por Peter Ziegel. Ele tinha, pois, reconhecido que não deveria resolver tudo sozinho. Os funcionários estavam satisfeitos por poder aplicar seus talentos, suas capacidades e com suas personalidades.

Depois de apenas algumas semanas, Peter Ziegel observou que já havia virado rotina para seus funcionários trabalhar e resolver as questões de trabalho que apareciam. E não só isto, ele achava que podia sentir inclusive um certo ar de retomada. E por fim um outro chefe lhe abordou. Tinha notado, disse ele, que os resultados da equipe de Peter Ziegel tinham melhorado. Isto era muito interessante. Como havia conseguido isto? A resposta de Peter Ziegel foi um tanto genérica. Ele falou de três regras.

Também seu chefe deu-lhe os parabéns. Era um bom começo. Peter tinha apenas que perseverar. Liderança era um trabalho permanente.

★

Peter Ziegel estava fascinado com o fato de conseguir tantos resultados – e isto somente com o fato de ter levado a sério seus funcionários, de ter confiado mais neles e de lhes ter dado liberdade. Seus funcionários eram a bem da verdade muito melhores do que ele imaginava e isto eles podiam agora comprovar. Esta pequena vitória Peter conseguiu por ter se modificado a si mesmo, pelo menos um pouco.

★

Um dia Peter Ziegel foi ele surpreendido por um telefonema da China. Seus parceiros de negócio iriam entrar na negociação do contrato. Ele se alegrou em ter sido convidado para ir à China. Para ele estava certo de que deveria viajar. Pensou então melhor. Segundo suas regras, deveria em si ir à China aquele que representava o negócio. E este era um dos seus coordenadores de segmento. Até agora Peter sempre havia se mantido nas regras do jogo. Desta vez, no entanto, abriria uma exceção. Procurou seu coordenador de segmento e pediu-lhe para que o deixasse viajar em seu lugar. Peter Ziegel falou ao coordenador a respeito do mosteiro de Lama e disse a ele que gostaria de aproveitar a oportunidade e visitar novamente aquele mosteiro e, quem sabe, aprender mais. O funcionário, então, ficou muito espantado com o pedido de Peter, mas sentiu-se muito honrado; afinal o chefe havia lhe pedido permissão para viajar em seu lugar. O pedido de Peter, naturalmente, foi aceito e o funcionário começou a preparar o contrato para que o chefe chegasse à China bem inteirado no assunto. O coordenador fez isso de bom grado e Peter não economizou elogios.

“Trabalhar assim dá prazer” , pensou o rapaz, que continuava tendo, como antes, uma “montoeira” de serviço, saía do escritório sempre depois do expediente, mas tinha muita alegria no trabalho. Isto o fazia feliz.

Acorde final

No vôo para a China, Peter Ziegel sentava-se tranqüilo na classe econômica. Comeu e bebeu bem, conversou com o passageiro ao lado. Estava totalmente relaxado.

Seu parceiro foi buscá-lo no aeroporto em Pequim e eles se cumprimentaram quase que como dois velhos amigos. Os três dias seguintes foram duros e muito estressantes e ele não conseguiu tempo algum para visitar o mosteiro. As negociações começavam de manhã cedinho e iam até tarde da noite. Os clientes chineses trabalhavam com muita precisão e eram muito obstinados. Também seu parceiro deu o melhor. E seus colegas da Alemanha o apoiavam com toda a força. Finalmente, depois de três dias tinham eles chegado a um contrato que as duas partes podiam assinar com consciência tranqüila. Era um contrato bem equilibrado e os parceiros de negociação estavam orgulhosos disto. Tendo por base este contrato, eles podiam mais tarde expandir o trabalho. Ele iria ser uma base ideal de negócios.

*

À tarde, depois da assinatura do contrato, Peter Ziegel se pôs a caminho do mosteiro. O sol brilhava e as árvores estavam num verde esplendoroso. Era como se ele estivesse voltando para casa. Ele caminhou pelos pátios internos, observou com atenção as construções e alegrou-se por esta pequena maravilha arquitetônica. Isto havia sido construído por pessoas há séculos elas haviam conseguido um resultado enorme. Uma pessoa sozinha não teria conseguido isto. Foi um trabalho feito por uma equipe, que teria aceitado entusiasmada o desafio. Elas teriam planejado, estruturado, iniciado, realizado, construído, conseguido.

Ele entendia, pois, que em equipe se estava em condições de realizar também grandes coisas.

Peter entrou no pátio interno um tanto acanhado, onde tivera a última conversa com o monge. Sentou-se ali num muro e ficou esperando. Ficou observando os pássaros. Tinha tempo e ficou esperando pacientemente, como se quisesse colocar sua própria paciência à prova. Não passou ninguém por ali que ele pudesse perguntar alguma coisa. Ele ainda não havia visto qualquer monge. E continuou esperando. Ali, dentro daqueles muros, o tempo tinha uma outra dimensão.

*

– Bem-vindo a nosso mosteiro.

O tradutor aparecera de repente em sua frente.

– Obrigado. Estou aqui de bom grado. Sempre que estou em Pequim, venho aqui.

O monge sorriu.

– Você está com uma aparência feliz.

– Sim, estou muito bem. Eu aprendi de vocês e apliquei o aprendizado.

O monge sorriu novamente e não respondeu nada.

– Eu queria agradecer pelas sabedorias.

– Agradeça a você mesmo. As sabedorias só têm sentido quando são postas em prática. E cada qual é responsável por isto. Você as pôs em prática.

– Mas vocês me abriram os olhos.

Ambos ficaram um bom tempo em silêncio.

Finalmente disse o monge:

– Nosso mestre está na grande viagem. Ele nos deixou.

Peter Ziegel ficou surpreso. Ele sabia o que estas palavras significavam. O sábio havia falecido.

种瓜得瓜，种豆得豆。

Quando um homem semeia, também deverá colher.

– Ele partiu feliz para a viagem –, continuou o monge. E acrescentou: – Ele nos deixou sua sabedoria. Quero repetir novamente duas sabedorias: Quando um homem semeia, também deverá colher.

E: Não esqueça de seus passos. Um homem sempre deixa seu nome onde quer que tenha estado...

E seus caminhos se separaram.

Sabedorias reunidas

Aqui você encontra reunidas todas as sabedorias chinesas usadas no livro (E também, abaixo, a transcrição fonética).

灯不拨不亮，理不辩不明。

dēng bù bō bù liàng, lǐ bù biàn bù míng

Uma lamparina brilha com mais claridade, quando sempre de novo se lhe encurta o pavio. A verdade se torna mais clara, quando se fala a respeito.

读万卷书，行万　路。

dú wàn juàn shū, xíng wàn lǐ lù

Leia dez mil livros e ande dez mil quilômetros.

两虎相斗，必有一伤。

liǎng hǔ xiāng dòu, bì yǒu yī shāng

Quando dois tigres lutam, é certo que um dos dois irá perder.

马好不在鞍，人好不在衫。

mǎ hǎo bù zài ān, rén hǎo bù zài shān

Não julgues um cavalo por seus arreios, nem um homem por suas vestimentas.

强中更有强中手，能人背后有能人。

**qiáng zhōng gèng yǒu qiáng zhōng shǒu,
néngrén bèihòu yǒu néngrén**

Por mais forte que você seja, sempre haverá alguém que é mais forte.

天下兴亡，匹夫有责。

tiānxià xīng wáng, pǐfū yǒu zé

Cada um é responsável por sua terra.

风无常顺，兵无常胜。

fēng wú cháng shùn, bīng wú cháng shèng

Um navio não pode navegar sempre com o vento, um exército nem sempre irá vencer todas as batalhas.

瓜无滚圆，人无十全。

guā wú gŭnyuán, rén wú shí quán

Nenhum melão é completamente redondo e nenhum ser humano é perfeito.

人无完人，金无足赤。

rén wú wánrén, jīn wú zúchì

Encontrar um ser humano perfeito é exatamente tão impossível quanto também é impossível encontrar ouro cem por cento puro.

人无千日好，花无百日红。

rén wú qiān rì hǎo, huā wú bǎi rì hóng

Uma pessoa não pode ter sempre sorte, como as flores, que também não florescem o tempo todo.

人有失足，马有失蹄。

rén yǒu shī zú, mǎ yǒu shī tí

Uma pessoa só pode tropeçar quando anda, um cavalo só pode tropeçar quando galopa.

刀不磨要生锈，水不流要发臭。

dāo bù mó yào shēngxiù, shuī bú liú yào fāchòu

Uma faca enferruja se não for afiada e a água torna-se turva quando não se a deixa correr.

见怪不怪，其怪自败。

jiàn guài bù guài, qí guài zì bài

Olhe para as coisas desconfortáveis decididamente nos olhos e sua ameaça irá desaparecer.

江山易改，本性难移。

jīangshān yì gǎi, běnxìng nàn yí

Rios e montanhas irão se modificar, mas é difícil mudar a personalidade de uma única pessoa.

酒逢知己千杯少，话不投机半句多。

jiǔ féng zhījǐ qiān bēi shǎo, huà bù tóujī bàn jù duō

Quando bebes com um amigo, mil copos podem não ser suficientes; quando discutes com alguém, uma meia frase já pode ser demais.

千军易得，一将难求。

qiān jūn yì dé, yī jiàng nán qiú

É fácil encontrar mil soldados; o difícil é encontrar um bom general.

人心 ，泰山移。

rénxīn qí, Tài Shān yí

Quando as pessoas estão unidas de espírito e de coração, elas conseguem até mudar o Tai Shan de lugar.

一个篱笆三个桩，一个好汉三个邦。

yī gè líba sān gè zhuāng, yī gè hǎohàn sān gè bāng

Como uma cerca é sustentada por pelo menos três postes, também uma pessoa precisa da ajuda de três outras.

万事俱备，只欠东风。

wàn shì jù bèi, zhǐ qiàn dōngfēng

Tudo está pronto, só não o vento leste.

小洞不补，大洞叫苦。

xiǎo dóng bù bǔ, dà dòng jiào kǔ

Um pequeno buraco que não é fechado torna-se rapidamente um grande buraco, que só pode ser fechado com muita dificuldade.

一粒老鼠屎，坏了一锅粥。

yī lì lǎoshǔ shǐ, huàile yī guō zhōu

Uma pequena quantidade de sujeira de rato estraga toda a panela de mingau de aveia.

一着不慎，满盘皆输。

yī shāo bù shèn, mǎn pán jiē shū

Um movimento desatento pode colocar todo o jogo em perigo.

一寸光阴一寸金，寸金难买寸光阴。

yī cùn guāngyīn yī cùn jīn, cùn jīn nán mǎi cùn guāngyīn

Um segundo tem mais valor que um grama de ouro.

十年树木，百年树人。

shí nián shù mù, bǎi nián shù rén

Para uma árvore crescer são necessários dez anos, mas para fazer surgir uma geração de pessoas boas são necessários cem anos.

任凭风浪起，稳坐钓鱼船。

rènpíng fēnglàng qǐ, wěn zuò diàoyú chuán

Sente-se firme no barco, mesmo quando o vento e as ondas estão furiosos.

儿孙自有儿孙福，莫为儿孙做马牛。

érsūn zì yǒu érsūn fú, mò wèi érsūn zuò mǎniú

Os filhos poderão cuidar de si mesmos quando estiverem crescidos; por isso os pais não devem trabalhar duro demais para o futuro deles.

放下屠刀，立地成佛。

fàngxià túdāo, lìdì chéng fó

O açougueiro que abandonar sua faca de abate, tornar-se-á Buda.

NATI

人过留名，雁过留声。

rén guò liú míng, yàn guò liú shēng

Um homem sempre deixa seu nome onde quer que tenha estado, como um ganso, cujo grito se ouve em qualquer lugar onde ele voar.

种瓜得瓜，种豆得豆。

zhòng guā dé guā, zhòng dòu dé dòu

Quando um homem semeia, também deverá colher.